MW00900065

This Book Belongs To:

Name:_____
Address_____
_____
_____
_____
Phone: _____
EMAIL:_____

Name:_____
Address_____
_____
_____
_____
Phone: _____
EMAIL:_____

Name:_____
Address_____
_____
_____
_____
Phone: _____
EMAIL:_____

Name:_____
Address_____
_____
_____
_____
Phone: _____
EMAIL:_____

Name:_____
Address_____
_____
_____
_____
Phone: _____
EMAIL:_____

Name:_____
Address_____
_____
_____
_____
Phone: _____
EMAIL:_____

Name:_____
Address_____
_____
_____
_____
Phone: _____
EMAIL:_____

Name:_____
Address_____
_____
_____
_____
Phone: _____
EMAIL:_____

Name:_____
Address_____
_____
_____
_____
Phone: _____
EMAIL:_____

Name:_____
Address_____
_____
_____
_____
Phone: _____
EMAIL:_____

Name:_____
Address_____
_____
_____
_____
Phone: _____
EMAIL:_____

Name:_____
Address_____
_____
_____
_____
Phone: _____
EMAIL:_____

Name:_____
Address_____
_____
_____
_____
Phone: _____
EMAIL:_____

Name:_____
Address_____
_____
_____
_____
Phone: _____
EMAIL:_____

Name:_____
Address_____
_____
_____
_____
Phone: _____
EMAIL:_____

Name:_____
Address_____
_____
_____
_____
Phone: _____
EMAIL:_____

Name:_____
Address_____
_____
_____
_____
Phone: _____
EMAIL:_____

Name:_____
Address_____
_____
_____
_____
Phone: _____
EMAIL:_____

Name:_____
Address_____
_____
_____
_____
Phone: _____
EMAIL:_____

Name:_____
Address_____
_____
_____
_____
Phone: _____
EMAIL:_____

Name:_____

Address_____

_____

_____

_____

Phone: _____

EMAIL:_____

Name:_____

Address_____

_____

_____

_____

Phone: _____

EMAIL:_____

Name:_____

Address_____

_____

_____

_____

Phone: _____

EMAIL:_____

Name:_____

Address_____

_____

_____

_____

Phone: _____

EMAIL:_____

Name:_____
Address_____
_____
_____
_____
Phone: _____
EMAIL:_____

Name:_____
Address_____
_____
_____
_____
Phone: _____
EMAIL:_____

Name:_____
Address_____
_____
_____
_____
Phone: _____
EMAIL:_____

Name:_____
Address_____
_____
_____
_____
Phone: _____
EMAIL:_____

Name:_____
Address_____
_____
_____
_____
Phone: _____
EMAIL:_____

Name:_____
Address_____
_____
_____
_____
Phone: _____
EMAIL:_____

Name:_____
Address_____
_____
_____
_____
Phone: _____
EMAIL:_____

Name:_____
Address_____
_____
_____
_____
Phone: _____
EMAIL:_____

Name:_____
Address_____
_____
_____
_____
Phone: _____
EMAIL:_____

Name:_____
Address_____
_____
_____
_____
Phone: _____
EMAIL:_____

Name:_____
Address_____
_____
_____
_____
Phone: _____
EMAIL:_____

Name:_____
Address_____
_____
_____
_____
Phone: _____
MAIL:_____

Name:_____
Address_____
_____
_____
_____
Phone: _____
EMAIL:_____

Name:_____
Address_____
_____
_____
_____
Phone: _____
EMAIL:_____

Name:_____
Address_____
_____
_____
_____
Phone: _____
EMAIL:_____

Name:_____
Address_____
_____
_____
_____
Phone: _____
EMAIL:_____

Name:_____
Address_____
_____
_____
_____
Phone: _____
EMAIL:_____

Name:_____
Address_____
_____
_____
_____
Phone: _____
EMAIL:_____

Name:_____
Address_____
_____
_____
_____
Phone: _____
EMAIL:_____

Name:_____
Address_____
_____
_____
_____
Phone: _____
EMAIL:_____

Name:_____
Address_____

_____

_____

Phone: _____
EMAIL:_____

Name:_____
Address_____

_____

_____

Phone: _____
EMAIL:_____

Name:_____
Address_____

_____

_____

Phone: _____
EMAIL:_____

Name:_____
Address_____

_____

_____

Phone: _____
EMAIL:_____

Name:_____
Address_____
_____
_____
_____
Phone: _____
EMAIL:_____

Name:_____
Address_____
_____
_____
_____
Phone: _____
EMAIL:_____

Name:_____
Address_____
_____
_____
_____
Phone: _____
EMAIL:_____

Name:_____
Address_____
_____
_____
_____
Phone: _____
EMAIL:_____

Name:_____
Address_____
_____
_____
_____
Phone: _____
EMAIL:_____

Name:_____
Address_____
_____
_____
_____
Phone: _____
EMAIL:_____

Name:_____
Address_____
_____
_____
_____
Phone: _____
EMAIL:_____

Name:_____
Address_____
_____
_____
_____
Phone: _____
EMAIL:_____

Name:_____
Address_____
_____
_____
_____
Phone: _____
EMAIL:_____

Name:_____
Address_____
_____
_____
_____
Phone: _____
EMAIL:_____

Name:_____
Address_____
_____
_____
_____
Phone: _____
EMAIL:_____

Name:_____
Address_____
_____
_____
_____
hone: _____
MAIL:_____

Name:_____
Address_____
_____
_____
_____
Phone: _____
EMAIL:_____

Name:_____
Address_____
_____
_____
_____
Phone: _____
EMAIL:_____

Name:_____
Address_____
_____
_____
_____
Phone: _____
EMAIL:_____

Name:_____
Address_____
_____
_____
_____
Phone: _____
EMAIL:_____

Name:_____

Address_____

_____

_____

Phone: _____

EMAIL:_____

Name:_____

Address_____

_____

_____

Phone: _____

EMAIL:_____

Name:_____

Address_____

_____

_____

Phone: _____

EMAIL:_____

Name:_____

Address_____

_____

_____

Phone: _____

EMAIL:_____

Name:_____
Address_____
_____
_____
_____
Phone: _____
EMAIL:_____

Name:_____
Address_____
_____
_____
_____
Phone: _____
EMAIL:_____

Name:_____
Address_____
_____
_____
_____
Phone: _____
EMAIL:_____

Name:_____
Address_____
_____
_____
_____
Phone: _____
EMAIL:_____

Name:_____
Address_____
_____
_____
_____
Phone: _____
EMAIL:_____

Name:_____
Address_____
_____
_____
_____
Phone: _____
EMAIL:_____

Name:_____
Address_____
_____
_____
_____
Phone: _____
EMAIL:_____

Name:_____
Address_____
_____
_____
_____
Phone: _____
EMAIL:_____

Name:_____
Address_____
_____
_____
_____
Phone: _____
EMAIL:_____

Name:_____
Address_____
_____
_____
_____
Phone: _____
EMAIL:_____

Name:_____
Address_____
_____
_____
_____
Phone: _____
EMAIL:_____

Name:_____
Address_____
_____
_____
_____
Phone: _____
EMAIL:_____

Name:_____

Address_____

_____

_____

Phone: _____

EMAIL:_____

Name:_____

Address_____

_____

_____

Phone: _____

EMAIL:_____

Name:_____

Address_____

_____

_____

Phone: _____

EMAIL:_____

Name:_____

Address_____

_____

_____

Phone: _____

EMAIL:_____

Name:_____

Address_____

_____

_____

_____

Phone: _____

EMAIL:_____

Name:_____

Address_____

_____

_____

_____

Phone: _____

EMAIL:_____

Name:_____

Address_____

_____

_____

_____

Phone: _____

EMAIL:_____

Name:_____

Address_____

_____

_____

_____

Phone: _____

EMAIL:_____

Name:_____
Address_____
_____
_____
_____
Phone: _____
EMAIL:_____

Name:_____
Address_____
_____
_____
_____
Phone: _____
EMAIL:_____

Name:_____
Address_____
_____
_____
_____
Phone: _____
EMAIL:_____

Name:_____
Address_____
_____
_____
_____
Phone: _____
EMAIL:_____

Name:_____
Address_____
_____
_____
_____
Phone: _____
EMAIL:_____

Name:_____
Address_____
_____
_____
_____
Phone: _____
EMAIL:_____

Name:_____
Address_____
_____
_____
_____
Phone: _____
EMAIL:_____

Name:_____
Address_____
_____
_____
_____
Phone: _____
EMAIL:_____

Name:_____
Address_____
_____
_____
_____
Phone: _____
EMAIL:_____

Name:_____
Address_____
_____
_____
_____
Phone: _____
EMAIL:_____

Name:_____
Address_____
_____
_____
_____
Phone: _____
EMAIL:_____

Name:_____
Address_____
_____
_____
_____
Phone: _____
EMAIL:_____

Name:_____
Address_____
_____
_____
_____
Phone: _____
EMAIL:_____

Name:_____
Address_____
_____
_____
_____
Phone: _____
EMAIL:_____

Name:_____
Address_____
_____
_____
_____
Phone: _____
EMAIL:_____

Name:_____
Address_____
_____
_____
_____
Phone: _____
EMAIL:_____

Name:_____
Address_____
_____
_____
_____
Phone: _____
EMAIL:_____

Name:_____
Address_____
_____
_____
_____
Phone: _____
EMAIL:_____

Name:_____
Address_____
_____
_____
_____
Phone: _____
MAIL:_____

Name:_____
Address_____
_____
_____
_____
Phone: _____
MAIL:_____

Name:_____
Address_____
_____
_____
_____
Phone: _____
EMAIL:_____

Name:_____
Address_____
_____
_____
_____
Phone: _____
EMAIL:_____

Name:_____
Address_____
_____
_____
_____
Phone: _____
EMAIL:_____

Name:_____
Address_____
_____
_____
_____
Phone: _____
EMAIL:_____

Name:_____

Address_____

_____

_____

_____

Phone: _____

EMAIL:_____

Name:_____

Address_____

_____

_____

_____

Phone: _____

EMAIL:_____

Name:_____

Address_____

_____

_____

_____

Phone: _____

EMAIL:_____

Name:_____

Address_____

_____

_____

_____

Phone: _____

EMAIL:_____

Name:_____

Address_____

_____

_____

_____

Phone: _____

EMAIL:_____

Name:_____

Address_____

_____

_____

_____

Phone: _____

EMAIL:_____

Name:_____

Address_____

_____

_____

_____

Phone: _____

EMAIL:_____

Name:_____

Address_____

_____

_____

_____

Phone: _____

EMAIL:_____

Name:_____
Address_____
_____
_____
_____
Phone: _____
EMAIL:_____

Name:_____
Address_____
_____
_____
_____
Phone: _____
EMAIL:_____

Name:_____
Address_____
_____
_____
_____
Phone: _____
EMAIL:_____

Name:_____
Address_____
_____
_____
_____
Phone: _____
EMAIL:_____

Name:_____
Address_____
_____
_____
_____
Phone: _____
EMAIL:_____

Name:_____
Address_____
_____
_____
_____
Phone: _____
EMAIL:_____

Name:_____
Address_____
_____
_____
_____
Phone: _____
EMAIL:_____

Name:_____
Address_____
_____
_____
_____
Phone: _____
EMAIL:_____

Name:_____

Address_____

_____

_____

_____

Phone: _____

EMAIL:_____

Name:_____

Address_____

_____

_____

_____

Phone: _____

EMAIL:_____

Name:_____

Address_____

_____

_____

_____

Phone: _____

EMAIL:_____

Name:_____

Address_____

_____

_____

_____

Phone: _____

EMAIL:_____

Name:_____
Address_____
_____
_____
_____
Phone: _____
EMAIL:_____

Name:_____
Address_____
_____
_____
_____
Phone: _____
EMAIL:_____

Name:_____
Address_____
_____
_____
_____
Phone: _____
EMAIL:_____

Name:_____
Address_____
_____
_____
_____
Phone: _____
EMAIL:_____

Name:_____
Address_____
_____
_____
_____
Phone: _____
EMAIL:_____

Name:_____
Address_____
_____
_____
_____
Phone: _____
EMAIL:_____

Name:_____
Address_____
_____
_____
_____
Phone: _____
EMAIL:_____

Name:_____
Address_____
_____
_____
_____
Phone: _____
EMAIL:_____

Name:_____
Address_____
_____
_____
_____
Phone: _____
EMAIL:_____

Name:_____
Address_____
_____
_____
_____
Phone: _____
EMAIL:_____

Name:_____
Address_____
_____
_____
_____
Phone: _____
EMAIL:_____

Name:_____
Address_____
_____
_____
_____
Phone: _____
EMAIL:_____

Name:_____
Address_____
_____
_____
_____
Phone: _____
EMAIL:_____

Name:_____
Address_____
_____
_____
_____
Phone: _____
EMAIL:_____

Name:_____
Address_____
_____
_____
_____
Phone: _____
EMAIL:_____

Name:_____
Address_____
_____
_____
_____
Phone: _____
EMAIL:_____

Name:_____
Address_____
_____
_____
_____
Phone: _____
EMAIL:_____

Name:_____
Address_____
_____
_____
_____
Phone: _____
EMAIL:_____

Name:_____
Address_____
_____
_____
_____
Phone: _____
EMAIL:_____

Name:_____
Address_____
_____
_____
_____
Phone: _____
EMAIL:_____

Name:_____
Address_____
_____
_____
_____
Phone: _____
EMAIL:_____

Name:_____
Address_____
_____
_____
_____
Phone: _____
EMAIL:_____

Name:_____
Address_____
_____
_____
_____
Phone: _____
MAIL:_____

Name:_____
Address_____
_____
_____
_____
Phone: _____
MAIL:_____

Name:_____
Address_____
_____
_____
_____
Phone: _____
EMAIL:_____

Name:_____
Address_____
_____
_____
_____
Phone: _____
EMAIL:_____

Name:_____
Address_____
_____
_____
_____
Phone: _____
EMAIL:_____

Name:_____
Address_____
_____
_____
_____
Phone: _____
EMAIL:_____

Name:_____
Address_____
_____
_____
Phone: _____
EMAIL:_____

Name:_____
Address_____
_____
_____
Phone: _____
EMAIL:_____

Name:_____
Address_____
_____
_____
Phone: _____
EMAIL:_____

Name:_____
Address_____
_____
_____
Phone: _____
EMAIL:_____

Name:_____

Address_____

_____

_____

_____

Phone: _____

EMAIL:_____

Name:_____

Address_____

_____

_____

_____

Phone: _____

EMAIL:_____

Name:_____

Address_____

_____

_____

_____

Phone: _____

EMAIL:_____

Name:_____

Address_____

_____

_____

_____

Phone: _____

EMAIL:_____

Name:_____
Address_____

_____

_____

Phone: _____
EMAIL:_____

Name:_____
Address_____

_____

_____

Phone: _____
EMAIL:_____

Name:_____
Address_____

_____

_____

Phone: _____
EMAIL:_____

Name:_____
Address_____

_____

_____

Phone: _____
EMAIL:_____

Name:_____

Address_____

_____

_____

_____

Phone: _____

EMAIL:_____

Name:_____

Address_____

_____

_____

_____

Phone: _____

EMAIL:_____

Name:_____

Address_____

_____

_____

_____

Phone: _____

EMAIL:_____

Name:_____

Address_____

_____

_____

_____

Phone: _____

EMAIL:_____

Name:_____
Address_____
_____
_____
_____
Phone: _____
EMAIL:_____

Name:_____
Address_____
_____
_____
_____
Phone: _____
EMAIL:_____

Name:_____
Address_____
_____
_____
_____
Phone: _____
MAIL:_____

Name:_____
Address_____
_____
_____
_____
Phone: _____
MAIL:_____

Name:_____

Address_____

_____

_____

_____

Phone: _____

EMAIL:_____

Name:_____

Address_____

_____

_____

_____

Phone: _____

EMAIL:_____

Name:_____

Address_____

_____

_____

_____

Phone: _____

EMAIL:_____

Name:_____

Address_____

_____

_____

_____

Phone: _____

EMAIL:_____

Name:_____
Address_____
_____
_____
_____
Phone: _____
EMAIL:_____

Name:_____
Address_____
_____
_____
_____
Phone: _____
EMAIL:_____

Name:_____
Address_____
_____
_____
_____
Phone: _____
EMAIL:_____

Name:_____
Address_____
_____
_____
_____
Phone: _____
MAIL:_____

Name:_____
Address_____
_____
_____
_____
Phone: _____
EMAIL:_____

Name:_____
Address_____
_____
_____
_____
Phone: _____
EMAIL:_____

Name:_____
Address_____
_____
_____
_____
Phone: _____
EMAIL:_____

Name:_____
Address_____
_____
_____
_____
Phone: _____
EMAIL:_____

Name:_____
Address_____
_____
_____
_____
Phone: _____
EMAIL:_____

Name:_____
Address_____
_____
_____
_____
Phone: _____
EMAIL:_____

Name:_____
Address_____
_____
_____
_____
Phone: _____
EMAIL:_____

Name:_____
Address_____
_____
_____
_____
Phone: _____
EMAIL:_____

Name:_____
Address_____
_____
_____
_____
Phone: _____
EMAIL:_____

Name:_____
Address_____
_____
_____
_____
Phone: _____
EMAIL:_____

Name:_____
Address_____
_____
_____
_____
Phone: _____
EMAIL:_____

Name:_____
Address_____
_____
_____
_____
Phone: _____
EMAIL:_____

Name:_____
Address_____

_____
_____
_____
Phone: _____
EMAIL:_____

Name:_____
Address_____

_____
_____
_____
Phone: _____
EMAIL:_____

Name:_____
Address_____

_____
_____
_____
Phone: _____
MAIL:_____

Name:_____
Address_____

_____
_____
_____
Phone: _____
MAIL:_____

Name:_____
Address_____
_____
_____
_____
Phone: _____
EMAIL:_____

Name:_____
Address_____
_____
_____
_____
Phone: _____
EMAIL:_____

Name:_____
Address_____
_____
_____
_____
Phone: _____
EMAIL:_____

Name:_____
Address_____
_____
_____
_____
Phone: _____
EMAIL:_____

Name:_____
Address_____
_____
_____
_____
Phone: _____
EMAIL:_____

Name:_____
Address_____
_____
_____
_____
Phone: _____
EMAIL:_____

Name:_____
Address_____
_____
_____
_____
Phone: _____
EMAIL:_____

Name:_____
Address_____
_____
_____
_____
Phone: _____
MAIL:_____

Name:_____
Address_____
_____
_____
_____
Phone: _____
EMAIL:_____

Name:_____
Address_____
_____
_____
_____
Phone: _____
EMAIL:_____

Name:_____
Address_____
_____
_____
_____
Phone: _____
EMAIL:_____

Name:_____
Address_____
_____
_____
_____
Phone: _____
EMAIL:_____

Name:_____
Address_____
_____
_____
_____
Phone: _____
EMAIL:_____

Name:_____
Address_____
_____
_____
_____
Phone: _____
EMAIL:_____

Name:_____
Address_____
_____
_____
_____
Phone: _____
EMAIL:_____

Name:_____
Address_____
_____
_____
_____
Phone: _____
EMAIL:_____

Name:_____
Address_____
_____
_____
_____
Phone: _____
EMAIL:_____

Name:_____
Address_____
_____
_____
_____
Phone: _____
EMAIL:_____

Name:_____
Address_____
_____
_____
_____
Phone: _____
EMAIL:_____

Name:_____
Address_____
_____
_____
_____
Phone: _____
EMAIL:_____

Name:_____
Address_____
_____
_____
_____
Phone: _____
EMAIL:_____

Name:_____
Address_____
_____
_____
_____
Phone: _____
EMAIL:_____

Name:_____
Address_____
_____
_____
_____
Phone: _____
EMAIL:_____

Name:_____
Address_____
_____
_____
_____
Phone: _____
EMAIL:_____

Name:_____
Address_____
_____
_____
_____
Phone: _____
EMAIL:_____

Name:_____
Address_____
_____
_____
_____
Phone: _____
EMAIL:_____

Name:_____
Address_____
_____
_____
_____
Phone: _____
EMAIL:_____

Name:_____
Address_____
_____
_____
_____
Phone: _____
EMAIL:_____

Name:_____

Address_____

_____

_____

_____

Phone: _____

EMAIL:_____

Name:_____

Address_____

_____

_____

_____

Phone: _____

EMAIL:_____

Name:_____

Address_____

_____

_____

_____

Phone: _____

EMAIL:_____

Name:_____

Address_____

_____

_____

_____

Phone: _____

MAIL:_____

Name:_____
Address_____
_____
_____
_____
Phone: _____
EMAIL:_____

Name:_____
Address_____
_____
_____
_____
Phone: _____
EMAIL:_____

Name:_____
Address_____
_____
_____
_____
Phone: _____
EMAIL:_____

Name:_____
Address_____
_____
_____
_____
Phone: _____
EMAIL:_____

Name:_____
Address_____
_____
_____
_____
Phone: _____
EMAIL:_____

Name:_____
Address_____
_____
_____
_____
Phone: _____
EMAIL:_____

Name:_____
Address_____
_____
_____
_____
Phone: _____
EMAIL:_____

Name:_____
Address_____
_____
_____
_____
Phone: _____
EMAIL:_____

Name:_____

Address_____

_____

_____

_____

Phone: _____

EMAIL:_____

Name:_____

Address_____

_____

_____

_____

Phone: _____

EMAIL:_____

Name:_____

Address_____

_____

_____

_____

Phone: _____

EMAIL:_____

Name:_____

Address_____

_____

_____

_____

Phone: _____

EMAIL:_____

Name:_____
Address_____
_____
_____
_____
Phone: _____
EMAIL:_____

Name:_____
Address_____
_____
_____
_____
Phone: _____
EMAIL:_____

Name:_____
Address_____
_____
_____
_____
Phone: _____
EMAIL:_____

Name:_____
Address_____
_____
_____
_____
Phone: _____
EMAIL:_____

Name:_____

Address_____

_____

_____

_____

Phone: _____

EMAIL:_____

Name:_____

Address_____

_____

_____

_____

Phone: _____

EMAIL:_____

Name:_____

Address_____

_____

_____

_____

Phone: _____

EMAIL:_____

Name:_____

Address_____

_____

_____

_____

Phone: _____

EMAIL:_____

Name:_____
Address_____
_____
_____
_____
Phone: _____
EMAIL:_____

Name:_____
Address_____
_____
_____
_____
Phone: _____
EMAIL:_____

Name:_____
Address_____
_____
_____
_____
Phone: _____
EMAIL:_____

Name:_____
Address_____
_____
_____
_____
Phone: _____
EMAIL:_____

Name:_____
Address_____
_____
_____
_____
Phone: _____
EMAIL:_____

Name:_____
Address_____
_____
_____
_____
Phone: _____
EMAIL:_____

Name:_____
Address_____
_____
_____
_____
Phone: _____
EMAIL:_____

Name:_____
Address_____
_____
_____
_____
Phone: _____
EMAIL:_____

Name:_____
Address_____
_____
_____
_____
Phone: _____
EMAIL:_____

Name:_____
Address_____
_____
_____
_____
Phone: _____
EMAIL:_____

Name:_____
Address_____
_____
_____
_____
Phone: _____
EMAIL:_____

Name:_____
Address_____
_____
_____
_____
Phone: _____
EMAIL:_____

Name:_____
Address_____
_____
_____
_____
Phone: _____
EMAIL:_____

Name:_____
Address_____
_____
_____
_____
Phone: _____
EMAIL:_____

Name:_____
Address_____
_____
_____
_____
Phone: _____
EMAIL:_____

Name:_____
Address_____
_____
_____
_____
Phone: _____
EMAIL:_____

Name:_____
Address_____
_____
_____
_____
Phone: _____
EMAIL:_____

Name:_____
Address_____
_____
_____
_____
Phone: _____
EMAIL:_____

Name:_____
Address_____
_____
_____
_____
Phone: _____
EMAIL:_____

Name:_____
Address_____
_____
_____
_____
Phone: _____
EMAIL:_____

Name:_____
Address_____
_____
_____
_____
Phone: _____
EMAIL:_____

Name:_____
Address_____
_____
_____
_____
Phone: _____
EMAIL:_____

Name:_____
Address_____
_____
_____
_____
Phone: _____
EMAIL:_____

Name:_____
Address_____
_____
_____
_____
Phone: _____
EMAIL:_____

Name:_____
Address_____
_____
_____
_____
Phone: _____
EMAIL:_____

Name:_____
Address_____
_____
_____
_____
Phone: _____
EMAIL:_____

Name:_____
Address_____
_____
_____
_____
Phone: _____
EMAIL:_____

Name:_____
Address_____
_____
_____
_____
Phone: _____
MAIL:_____

Name:_____
Address_____
_____
_____
_____
Phone: _____
EMAIL:_____

Name:_____
Address_____
_____
_____
_____
Phone: _____
EMAIL:_____

Name:_____
Address_____
_____
_____
_____
Phone: _____
EMAIL:_____

Name:_____
Address_____
_____
_____
_____
Phone: _____
EMAIL:_____

Name:_____
Address_____
_____
_____
_____
Phone: _____
EMAIL:_____

Name:_____
Address_____
_____
_____
_____
Phone: _____
EMAIL:_____

Name:_____
Address_____
_____
_____
_____
Phone: _____
EMAIL:_____

Name:_____
Address_____
_____
_____
_____
Phone: _____
EMAIL:_____

Made in the USA
Coppell, TX
06 November 2020

40834186R00046